Coleção Primeiros Passos

301

Sônia Maria Bergamasco
Luiz Antonio Cabello Norder

O QUE SÃO ASSENTAMENTOS RURAIS

editora brasiliense

Copyright © by Sônia Bergamasco / Luiz A. C. Norber, 1996
Nenhuma parte desta publicação pode ser gravada,
armazenada em sistemas eletrônicos, fotocopiada,
reproduzida por meios mecânicos ou outros quaisquer sem
autorização prévia do editor.

ISBN: 85-11-00007-0
Primeira edição, 1996
2ª reimpressão, 2001

Preparação de originais: Ana Luiza V. V. do Canto França
Revisão: Irati Antônio e Irene Hikishi
Capa: Daniela Ribas e Bernardo V. Peres

Dados Internacionais de Catalogação na Publicação (CIP)
(Câmara Brasileira do Livro, SP, Brasil)

Bergamasco, Sônia Maria
  O que são assentamentos rurais / Sônia Maria Bergamasco,
Luiz Antônio Cabello Norber -- São Paulo : Brasiliense, 1996.
-- (Coleção primeiros passos ; 301)

ISBN 85-11-00007-0

1. Assentamento Rural - Brasil 2. Reforma agrária - Brasil
3. Solo - Uso - Brasil I.Norber, Luiz Antônio Cabello II. Título.
III. Série.

96-1181   CDD - 333.3181

Índices para catálogo sistemático:
1. Assentamentos rurais : Brasil : Economia   333.3181
2. Brasil : Assentamentos rurais : Economia   333.3181
3. Brasil : Reforma agrária   333.3181

editora brasiliense
Rua Airi,22 - Tatuapé - CEP 03310-010 - São Paulo - SP
Fone/Fax: (0xx11)6198.1488
E-mail: brasilienseedit@uol.com.br
www.editorabrasiliense.com.br
livraria brasiliense
Rua Emília Marengo,216 - Tatuapé
CEP 03336-000 - São Paulo - SP - Fone/Fax (0xx11)6671.2016

SUMÁRIO

Introdução 7
Um pouco de história 11
A diversidade geo-econômica 44
As formas sociais da produção 56
Uma complexa realidade 65
Considerações finais 79
Indicações para leitura 85
Sobre os autores 88

"Dedicamos este trabalho ao Dr. José Gomes da Silva, defensor apaixonado da luta pela Reforma Agrária. Não teve medo de ousar nem de romper barreiras, deixando-nos dentre os inúmeros legados, alento e esperança para prosseguirmos nesta batalha."

Os autores

INTRODUÇÃO

Alimentos. Antes de tudo, a comida que falta. Moradia, terra e trabalho. Educação, cooperativismo. Irrigação, meio ambiente. Cidadania. Justiça e conflito social. Êxodo urbano. Bóia-fria, desemprego, invasão de terra. Esperança e fome... Os assentamentos surgem da luta dos trabalhadores rurais sem terra.

O termo "assentamento" apareceu pela primeira vez no vocabulário jurídico e sociológico no contexto da reforma agrária venezuelana, em 1960, e se difundiu para inúmeros outros países. De uma forma genérica, os assentamentos rurais podem ser definidos como a criação de novas unidades de produção agrícola, por meio de políticas governamentais visando o reordenamento do uso da terra, em benefício de trabalhadores rurais sem terra ou com pouca terra. Como o seu significado remete à fixação do trabalhador na agricultura, envolve também a disponibilidade de condições adequadas para o uso da terra e o incentivo à organização social e à vida comunitária.

Diante da ampliação da fome e da miséria, do desemprego, do inchaço dos centros urbanos e das reduzidas taxas de crescimento econômico, sobretudo nos países com elevados índices de pobreza e exclusão social, os assentamentos rurais representam uma importante iniciativa no sentido de gerar empregos diretos e indiretos a baixo custo e para estabelecer um modelo de desenvolvimento agrícola em bases sociais mais eqüitativas. É neste contexto que se insere um conjunto de experiências, em nível internacional, como a dos *asentamientos* na Venezuela e no Chile, dos *ejidos* mexicanos, dos *kibutz* e *moshov* em Israel, da autogestão iugoslava, entre muitos outros exemplos, onde se registra a busca de novos padrões sociais na organização do processo de produção agrícola.

No Brasil existem, atualmente, algo em torno de 350.000 famílias assentadas, distribuídas em 1.500 núcleos (estimativa para 1994). A múltipla origem destes assentamentos permite classificá-los em cinco tipos: a) projetos de colonização, formulados durante o regime militar, a partir dos anos 70, visando a ocupação de áreas devolutas e a expansão da fronteira agrícola; b) reassentamento de populações atingidas por barragens de usinas hidrelétricas; c) planos estaduais de valorização de terras públicas e de regularização possessória; d) programas de reforma agrária, via desapropriação por interesse social, com base no Estatuto da Terra (de 1964), parcialmente implementado a partir de 1986 sob a égide do Plano Nacional de Reforma Agrária, iniciado no governo Sarney; e) a criação de reservas extrativistas para seringueiros da região amazônica e outras atividades relacionadas ao aproveitamento de recursos naturais renováveis.

Apesar de não se tratar ainda de um processo maciço, estes (poucos) assentamentos possuem um valor estratégico, na medida em que fornecem elementos para uma avaliação da pertinência da proposta de reforma agrária e da reestruturação da propriedade fundiária no Brasil. Na verdade, como veremos adiante, o tema da reforma agrária está sendo cada vez mais pensado a partir da realidade dos assentamentos. As análises sobre esta realidade costumam ser tão polêmicas quanto as idéias acerca da reforma agrária.

É importante, então, atentar para o fato de que no Brasil a implementação dos assentamentos não decorre de uma deliberada política de desenvolvimento voltada para o atendimento das demandas da população rural, mas de uma tentativa de atenuar a violência dos conflitos sociais no campo, principalmente a partir da primeira metade dos anos 80.

Assim, em diversos casos a conquista da terra não significa que seus ocupantes passem a dispor da necessária infra-estrutura social (saúde, educação, transporte, moradia) e produtiva (terras férteis, assistência técnica, eletrificação, apoio creditício e comercial) que leva ao sucesso dos assentamentos, bem como de qualquer outro produtor rural. Assim, após a conquista da terra, inicia-se uma nova luta, agora pela consolidação da posse da terra, pela obtenção de condições econômicas e sociais mais favoráveis ao estabelecimento destes trabalhadores rurais enquanto produtores agrícolas.

Nos próximos capítulos, apresentaremos um pouco da história destes diversos tipos de assentamentos rurais e, em seguida, abordaremos a diversidade de configurações locais e regionais, as várias formas de organização social da produção (o que abrange desde a produção familiar mais individualizada até os sistemas mais coletivizados) e avaliaremos a forma pela qual a trajetória dos assentamentos acrescentou novos componentes na reflexão sobre a questão da reforma agrária. Analisaremos ainda em que medida as diferentes avaliações sobre uma realidade tão ampla e complexa, como é o caso dos assentamentos, se relacionam com as concepções gerais de cada vertente de pensamento (e de cada ideologia política) sobre a reforma agrária e sobre a sociedade.

UM POUCO DE HISTÓRIA

A história da legislação e dos programas governamentais visando a promoção econômica e o bem-estar social de pequenos agricultores no Brasil é bastante extensa e antiga, apesar da hegemonia dos grandes proprietários, que não pouparam esforços para fazer com que estes episódios acabassem em letra morta. Uma efetiva alteração da estrutura fundiária e agrícola, de forma a atender aos produtores rurais sem terra ou com pouca terra, ainda está para ser realizada no Brasil. Mesmo assim, em diversas ocasiões foram tomadas medidas pontuais e localizadas, principalmente com a finalidade de resolver situações de conflitos. Não é nosso objetivo aqui relatar a complexa história da política agrária brasileira, apesar de sua importância. Vamos nos limitar a algumas das mais recentes e conhecidas destas experiências.

Com o estabelecimento dos núcleos coloniais durante o primeiro governo Vargas, por exemplo, o governo federal recuperou a posse de grandes extensões de terra em vários pontos do país, visando eliminar sua apropriação indébita por alguns segmentos da sociedade. No Rio de Janeiro, esta medida articulou-se com uma tentativa de reanimar a agricultura e diminuir a insalubridade na região, por intermédio da Primeira Comissão Revisora de Títulos de Terra (1938), quando a União implementou sete núcleos coloniais, ocupando uma área total de 49.678 hectares e beneficiando 3.012 famílias de produtores rurais.

É apenas no final dos anos 50 e início dos 60, entretanto, que as políticas fundiárias irão se configurar como uma resposta às pressões dos movimentos sociais no campo, que se difundiam por quase todo o país sob a forma de associações civis, muitas delas ligadas ao Partido Comunista Brasileiro (PCB). É nessa época que o termo "assentamento" começa a ser utilizado, justamente quando a população do meio rural estava sendo praticamente expulsa em larga escala para os centros urbanos.

A política agrária pré-64

As primeiras manifestações camponesas desse período surgem logo após o esboço de democratização iniciado com a eleição presidencial de 1945. Com a cassação do registro legal do PCB em 1947, contudo, poucas delas ganham destaque, expressando-se apenas em conflitos isolados até 1954. A partir dessa data, a mobilização camponesa ressurge com a denominação "Ligas Camponesas", impulsionada pela eclosão de novos conflitos sociais no campo, dentre os quais a luta de assalariados por melhores salários e por direitos trabalhistas, a resistência de posseiros, arrendatários e foreiros contra a expropriação das terras que vinham ocupando, ou ainda as lutas contra o aumento nas taxas de arrendamento.

Alguns destes movimentos, espalhados pelo país, conseguem estabelecer uma aliança com setores urbanos, ganhando força política e repercussão nacional, dando maior abrangência à questão da reforma agrária e unificando lutas isoladas. Os partidos políticos começam a reconhecer a relevância do tema e diversos projetos de lei são elaborados durante a década de 50. É neste contexto que se consolidam as Ligas Camponesas, inicialmente em Pernambuco, tornando-se expressivas também na Paraíba, no Rio de Janeiro, em Goiás e, em seguida, no Ceará e em Alagoas. Entre suas estratégias estava o estabelecimento de alianças com setores urbanos, para evitar que o poder local de grandes proprietários viesse a sufocar as reivindicações da população camponesa.

Em Pernambuco destaca-se a Liga Camponesa da Galiléia, criada em 1955, que passou a reunir os arrendatários do Engenho da Galiléia. O proprietário do engenho, Oscar Beltrão, temendo as articulações entre camponeses e comunistas, ordenou que muitos deles fossem expulsos de seus 500 hectares e que, enquanto isso não se concluísse, que fosse aumentado o "foro", uma renda anual que os "foreiros" deveriam pagar pelo uso da terra e de outras benfeitorias. As 140 famílias resistiram e o advogado Francisco Julião, deputado estadual recém-eleito pelo Partido Socialista Brasileiro (PSB), procurou defendê-los, promovendo um acordo político entre setores urbanos e os camponeses.

Essa aproximação política, que atraiu inclusive facções da burguesia, resultaria na formação das Oposições Unidas do Pernambuco (ou Frente do Recife) e na vitória da coligação entre a UDN (União Democrática Nacional), um partido com contornos liberais, e o PSB nas eleições de 1958 e 1962 para o governo estadual e para a prefeitura de Recife, em 1960. Os setores democrático-progressistas se fortaleceram, criando um clima mais favorável à organização dos movimentos sociais no campo e na cidade. Com a posse de Cid Sampaio no governo estadual, em 1959, as Ligas Camponesas intensificaram a pressão pela desapropriação do Engenho da Galiléia. Nesse mesmo ano, o assunto foi discutido e aprovado na Assembléia Estadual e sancionado pelo governador, após várias concentrações que chegaram a reunir cerca de nove mil pessoas, das quais quase um terço vinha do campo. Lotes de 10 hectares foram então distribuídos para 47 famílias, e as 100 famílias restantes, remanejadas para outras duas áreas compradas pelo Estado (Engenho da Terra Preta e Barra).

Esses acontecimentos acabaram por se transformar numa questão nacional. O jornal *O Estado de S. Paulo* chegou a publicar um editorial alertando que isso "...acenderia a ambição dos demais camponeses assalariados, desejosos de favores idênticos". Enquanto a imprensa e os grandes proprietários consideravam a desapropriação um "perigoso precedente", os camponeses acreditavam estar diante de uma "experiência piloto", representando uma "antecipação da reforma agrária".

No Rio Grande do Sul, o governador Leonel Brizola, também eleito em 1958, apoiou a organização do Master (Movimento dos Agricultores Sem-Terra), que representava 100 mil camponeses no Estado. Cerca de 10 mil pessoas viviam em acampamentos. A desapropriação de 25 mil hectares próximos a Pelotas e sua distribuição a acampados transformou a região numa das mais ricas e produtivas do país. As fazendas Sarandi e Camaquã foram desapropriadas para fins de utilidade pública, pelo governo estadual, mediante o depósito de pequenas quantias a título de "justa indenização".

Vários outros governadores eleitos nessa época elaboraram políticas fundiárias em prol da população camponesa, apesar de suas diferenças políticas e administrativas referentes à questão agrária. Algumas dessas ações, que eram mais uma decorrência das pressões populares do que uma deliberada política de reforma agrária, tinham como limite a própria legislação, que somente permitia ao governo estadual a compra e venda de terras para em seguida distribuí-las aos camponeses.

Em Goiás, Mauro Borges, sob intensas manifestações camponesas, combateu a grilagem (ocupação de grandes terras devolutas com ou sem a falsificação de títulos de propriedade) e regularizou a propriedade de pequenos agricultores posseiros, que nessa época chegaram a declarar a região de Trombas e Formoso um território independente. No Paraná, os conflitos pela posse da terra desde os anos 40 culminaram na rebelião do sudoeste do estado em 1957 e, provavelmente, na primeira desapropriação com fins sociais no Brasil. Em São Paulo, Carvalho Pinto criou dois assentamentos em terras públicas, um em Campinas, com 72 lotes familiares, e outro em Marília, com 103, visando a formação de uma classe média produtora de alimentos para as cidades em expansão.

Apesar do caráter parcial, limitado e moderado dessas ações estatais na distribuição de terras a pequenos produtores familiares, sua repercussão política foi acentuada, principalmente porque era concebida, tanto por setores progressistas como por conservadores, como o início de um processo mais amplo de transformação da sociedade. As possibilidades de sua relação com o comunismo ou socialismo eram um elemento que tornava a discussão ainda mais explosiva.

O tema da reforma agrária, já bastante presente na esfera estadual, seria mantido na campanha presidencial de 1960. Jânio Quadros venceu as eleições após inserir em seu discurso a promessa de realização de uma grande mudança na agricultura, por meio da extensão da legislação social ao campo, da promulgação de uma lei agrária facilitando o acesso à terra, da expansão do crédito e assistência rural, do estímulo à produção de alimentos etc. Nos primeiros dias de governo, entrou na agenda governamental a questão das desapropriações por interesse social, visando, segundo suas próprias palavras, "eliminar o latifúndio e condicionar a posse da terra e a monocultura ao interesse social".

Com a renúncia de Jânio Quadros em agosto de 1961, sete meses após a posse, o país mergulhou numa grave crise institucional, enquanto o vice-presidente, João Goulart, incentivava a aliança entre camponeses e trabalhadores urbanos para a realização de uma ampla reforma agrária. Os conflitos sociais rurais e urbanos foram se acumulando. Em fevereiro de 1964, 300 mil assalariados agrícolas em greve interditaram o acesso aos engenhos e usinas de Jaboatão, em Pernambuco.

Nessa conjuntura, Goulart defendia a desapropriação das terras localizadas nas margens de rodovias e açudes públicos federais, além da regulamentação do pagamento das desapropriações com títulos da dívida pública, ao invés do pagamento prévio em dinheiro, que praticamente impossibilitava uma reforma agrária de maior alcance. A oposição a ele se intensificava, sobretudo com a difusão da "ameaça comunista", revigorada com a Revolução Cubana de 1959, que passou a ser ideologicamente associada a seu governo e às propostas de reforma agrária. Em 13.3.1964, Goulart decretou a desapropriação de áreas improdutivas. Em duas semanas foi deposto pelos militares.

A colonização dirigida

Com o golpe de 1964, os movimentos sociais no campo e na cidade, que até então impulsionavam a discussão da reforma agrária, foram severamente reprimidos. Por outro lado, o governo militar rapidamente elaborou o Estatuto da Terra (lei 4.504), aprovado pelo Congresso Nacional e sancionado pelo presidente da república em 30.11.1964, fixando diretrizes para a implementação de projetos de colonização em áreas de fronteira agrícola, sob a responsabilidade do Instituto Nacional de Desenvolvimento Agrícola (INDA), e para a aplicação da reforma agrária, que ficaria a cargo do Instituto Brasileiro de Reforma Agrária (IBRA).

A questão agrária continuaria presente no cenário político brasileiro, mas com características inteiramente novas. A partir de 1970, o Instituto Nacional de Colonização e Reforma Agrária (INCRA) foi criado justamente para agrupar aqueles dois institutos. A colonização da região amazônica passou a ser vista como uma solução para os tradicionais problemas agrários do país. A construção de grandes eixos viários, como a Transamazônica (no sentido leste-oeste) e a Cuiabá-Santarém (no sentido sul-norte), entre outros, visava a reorientação dos fluxos migratórios, principalmente das populações das regiões onde existiam conflitos pela posse da terra.

Para evitar a realização de uma reforma agrária, principalmente no Nordeste, foram criados alguns núcleos de colonização na Transamazônica, em áreas prioritárias, como a do trecho Marabá-Itaituba, na porção central do Pará. Este programa na Amazônia tinha, entre seus diversos objetivos, a incorporação e o controle da colonização espontânea da região, o incentivo à expansão das atividades de grandes empresas e a substituição da reforma agrária nos demais estados do país.

Procurando promover a integração econômica dessas áreas consideradas "as mais atrasadas" do país, a colonização dirigida estimulou a modernização tecnológica em seus projetos, o que já vinha se difundindo principalmente no Sul e Sudeste do Brasil. Dentro desta perspectiva, a ocupação dos novos territórios seria efetivada de duas formas: por pequenas unidades familiares e, simultaneamente, por grandes empresas agropecuárias, que contavam com subsídios, financiamentos, incentivos fiscais e grandes obras de infra-estrutura patrocinadas pelo Estado.

Com isso, os governos militares acabaram por impedir uma efetiva distribuição de terras até mesmo na Amazônia, uma vez que grandes empresas, agropecuárias ou não, acabavam por receber áreas de vastas extensões. A concessão de títulos individuais de propriedade e as dificuldades econômicas e sociais enfrentadas pelos colonos induziram ao abandono do projeto, à venda dos lotes e à concentração da propriedade. Dadas estas características e resultados, Octávio Ianni sugere que "... a contrapartida do apoio dado pela burguesia rural ao Golpe de Estado de 64 foi a contra-reforma agrária, apresentada como colonização dirigida".

Entre 1970 e 1984, período em que a colonização dirigida teve maior alcance, foram assentadas cerca de 86.500 famílias nos projetos oficiais de colonização. A "colonização particular", na qual o Estado transferia ao setor privado a gestão dos empreendimentos ou o loteamento das colônias, foi responsável pelo assentamento de quase 27.500 famílias. Os assentamentos rápidos, em que o INCRA promovia a demarcação e titulação de áreas colonizadas espontaneamente, oferecendo então uma infra-estrutura mínima, regularizou a propriedade de pouco mais de 38 mil famílias. Se somarmos outros convênios e o Proterra (Programa de Redistribuição de Terras e Estímulos à Agro-Indústria do Norte e Nordeste), obteremos, nestes 20 anos, um total superior a 160 mil famílias assentadas em mais de 260 projetos de colonização, principalmente nas regiões amazônica e de fronteira.

A particularidade desses assentamentos refere-se à sua localização em áreas até então não ocupadas ou, em certos casos, ocupadas por populações indígenas e posseiros desbravadores. Houve, enfim, uma clara tentativa de deslocar a luta pela terra para os locais mais afastados e desabitados do país, sobretudo em áreas de fronteira agrícola, o que, mesmo assim, não evitou a concentração fundiária nem os conflitos pela posse da terra.

Diferentes atores sociais se envolveram neste processo, havendo, inclusive, muitas denúncias de práticas de escravidão, massacres e expulsão paramilitar. Ocorre que questões sociais e ecológicas, durante o período militar, não eram consideradas relevantes, já que a grande preocupação centrava-se na difusão do projeto desenvolvimentista para todos os recantos do país.

O reassentamento dos atingidos por barragens

Também durante o período militar o desenvolvimento do setor elétrico foi redesenhado, ao lado de outros setores de produção de bens de capital. A opção pela construção de grandes usinas hidrelétricas visava o fornecimento de uma infra-estrutura capaz de atender às necessidades do rápido crescimento urbano-industrial e agropecuário do país.

Nesse processo, alguns grupos empresariais exerceram um poderoso *lobby* sobre o Estado e se aproximaram das empresas estatais responsáveis pela aplicação dos vultosos financiamentos do Banco Nacional de Desenvolvimento Econômico (BNDE) para os programas de incentivo à modernização da economia. Foi em nome de "grandes interesses nacionais" que a Eletrobrás e suas subsidiárias (Chesf, Eletronorte, Eletrosul e Itaipu Binacional) coordenaram essas obras, executadas por grandes empresas nacionais e estrangeiras do setor privado, sem maiores considerações sobre as implicações sociais das inundações.

No momento de decisão e planejamento da construção das barragens, sobretudo nos anos 70, não havia qualquer avaliação sistemática de seu impacto na socie-

O QUE SÃO ASSENTAMENTOS RURAIS 23

As mais longas barragens existentes e projetadas.
Leinad A.O. Santos e Lúcia M.M. de Andrade (orgs.). *As hidrelétricas do Xingu e os povos indígenas.* São Paulo, Comissão Pró-Índio de São Paulo, 1988.

dade local. O social aparecia como um problema secundário, que seria solucionado posteriormente, após a conclusão da usina. Isso aconteceu em várias barragens, como as de Sobradinho, Itaparica, Itá, Tucuruí e Itaipu.

A barragem de Sobradinho, por exemplo, no curso médio do rio São Francisco, em Pernambuco, cobriu 4.214 km² de uma das mais férteis áreas da caatinga nordestina, de onde se deslocaram 70 mil habitantes, dos quais 80% eram pequenos produtores rurais que habitavam as margens do rio São Francisco e seus afluentes. A decisão havia sido tomada em 1972 e as obras, iniciadas em 1973. Dois anos depois, a Chesf elaborou um plano de reassentamento de 4 mil famílias, num projeto de colonização a uma distância de 700 km da região. A população, porém, desejava permanecer nas imediações do lago. E foi quase que simultaneamente à subida das águas que se improvisou uma solução para as famílias já desabrigadas. Essa demora evidencia o descaso com a questão social durante a construção das usinas hidrelétricas.

No final dos anos 70 e início dos 80 as populações atingidas pelas barragens começaram a questionar a forma autoritária com que os projetos estavam sendo encaminhados. Nessa época, a sociedade brasileira como um todo lutava por uma ampliação das liberdades democráticas, e o governo militar resolveu acenar com a "abertura política". Era um momento de redefinição das relações Estado-sociedade e de construção da cidadania. Mesmo assim, conquistava-se apenas um tratamento um pouco menos negligente em relação aos problemas sociais e ecológicos que os projetos do setor elétrico vinham gerando. Sua condução antidemocrática permanecia intocada.

Neste sentido, a luta por maior transparência nas políticas do setor elétrico envolveu não apenas as famílias retiradas das áreas alagadas, que reivindicavam o reconhecimento e a incorporação de seus direitos nas tomadas de decisões, mas todos os cidadãos que se empenhavam em participar e influir nas políticas públicas, até mesmo porque a construção de hidrelétricas produz impactos ambientais consideráveis e requer elevados investimentos públicos.

De uma forma geral, o movimento dos atingidos por barragens teve sua origem ligada a uma discordância quanto ao valor das indenizações, e avançou para o "terra por terra, casa por casa e condições similares de infra-estrutura", ou seja, passou da referência monetária para a de reconstituição de seu modo de vida e de trabalho, preferencialmente na mesma região. Começaram, enfim, a lutar pelo seu reassentamento. No caso da população do rio Uruguai, o movimento chegou ao "Não às barragens", numa tentativa de preservação do espaço comunitário tradicional e de recusa completa da legitimidade da Eletrosul.

Durante a construção da barragem de Itaparica, na divisa entre a Bahia e Pernambuco, em meados dos anos 80, mais de 26 mil pessoas do campo foram desalojadas e a construção de novas moradias e canais de irrigação, que permitiu a retomada de suas atividades agrícolas, somente ocorreu às vésperas da inundação. O atendimento desta reivindicação somente foi possível graças à intensa organização dos agricultores em sindicatos apoiados por segmentos da Igreja.

A mobilização política da população agrícola foi decisiva para a obtenção de algumas conquistas, apesar da heterogeneidade social dos atingidos. Pequenos produtores rurais, posseiros, arrendatários, comerciantes, assalariados, pescadores, populações indígenas, grandes e médios agricultores foram igualmente expostos à chegada das águas, mas a solução para eles não recebeu necessariamente o mesmo tratamento político-administrativo.

Nos casos em que ocorreu a formação de novos "perímetros irrigados", principalmente no Nordeste, as divergências entre estes antigos atores sociais se acentuaram. Surgiram ainda novas empresas agropecuárias interessadas em ampliar seus projetos de agricultura irrigada. A disputa pelas áreas férteis mais próximas ao lago tornou-se uma nova fonte de conflitos. A população camponesa que não chegou a ser atingida diretamente pelo lago, mas que estava ocupando suas adjacências sem títulos de propriedade, começou a resistir à expropriação e expulsão patrocinadas geralmente por empresas agropecuárias interessadas nessas áreas, então bastante valorizadas.

O movimento dos atingidos por grandes barragens pode ser identificado em três regiões: no Nordeste, na bacia do rio São Francisco; no Sul, na bacia dos rios Uruguai e Paraná; e no Norte, na barragem de Tucuruí. Além destas, existem muitas outras barragens de menor porte e menor impacto, gerenciadas por empresas estatais ligadas ao governo estadual, mas que nem por isso dispensam um melhor tratamento à questão social.

A pesquisadora Lygia Sigaud chega a sugerir a existência de princípios e procedimentos comuns a todas as empresas estatais do setor elétrico. Essa semelhança se deve às ligações do Estado com grandes empresas do setor privado, à sua administração pouco transparente e à desconsideração dos efeitos sociais durante o planejamento e execução dos projetos.

A história tem demonstrado a necessidade da organização política dos atingidos, sobretudo dos pequenos produtores rurais, para fazer com que seus direitos e acordos contratuais sejam respeitados. Nessa trajetória de lutas, o esforço de reconstituição e aperfeiçoamento de seu modo de vida e de produção nos assentamentos tem sido uma importante alternativa para evitar a pauperização dos que dão lugar ao lago artificial.

As políticas fundiárias estaduais nos anos 80

A eleição para os governos estaduais em 1982, que vinha sendo aguardada há vários anos, esteve carregada de uma simbologia democrática. Nesse momento de euforia, diversos governadores assimilaram a demanda pela terra que os trabalhadores rurais vinham ruidosamente divulgando e firmaram o compromisso político de impulsionar a realização de uma reforma na estrutura fundiária, o que, além do mais, poderia render boa quantidade de votos e legitimar socialmente a transição para a democracia.

A Constituição (seja a de 1967 ou a de 1988), entretanto, confere ao presidente da república exclusividade para decretar as desapropriações por interesse social para fins de reforma agrária. Aos governos estaduais e municipais restou apenas procurar outras alternativas legais e institucionais que viabilizassem o atendimento das reivindicações dos movimentos populares. Neste sentido, alguns governadores, em vários pontos do país, procuraram identificar, cadastrar e concluir a distribuição de terras públicas ociosas, ou promover a regularização jurídica da propriedade de antigos posseiros. O processo, porém, comportava ainda outras medidas, mais ousadas e inovadoras.

No Rio de Janeiro, o então governador Leonel Brizola chegou a utilizar a desapropriação por utilidade pública, que reserva ao proprietário o direito de receber uma indenização prévia e em dinheiro. Brizola, todavia, retomou a estratégia que já havia testado nos anos 60 e pagou uma pequena quantia, pois tomou como base de cálculo o valor declarado pelo proprietário para a cobrança do Imposto Territorial Rural (ITR).

A disputa pelas terras em processo discriminatório foi também outro recurso utilizado na esfera estadual de governo. Por este meio, o Estado passou a requisitar judicialmente as áreas ocupadas irregularmente pelo latifúndio, ou seja, começou a combater a grilagem de suas terras. Esse foi o caso, entre outros, de Pontal do Paranapanema e de Promissão, em São Paulo. No Espírito Santo, uma proposta de revisão da Lei de Terras limitava a posse de terras devolutas em 100 hectares. A Assembléia Legislativa, contudo, tratou de arquivar o projeto.

Uma análise quantitativa dessas diversas políticas fundiárias estaduais nos anos 80 mostra que seu impacto para a resolução do problema da concentração agrária permaneceu bastante reduzido. Isso porque, em grande medida, as ações estaduais eram impulsionadas pela pressão dos movimentos organizados dos trabalhadores rurais. Tratava-se, enfim, de responder a uma situação em que as invasões de terras vinham gerando graves conflitos.

Em meados da década de 80, época da consolidação do MST (Movimento dos Trabalhadores Rurais

Sem-Terra), os acampamentos nas estradas próximas às áreas improdutivas, públicas ou privadas, indicavam que a ocupação era iminente. Somente no sudoeste do Paraná havia cerca de 8 mil sem-terras acampados em três municípios, e aproximadamente 30 mil famílias da região aguardavam a reforma agrária. Em outros estados, a situação não era muito diferente. O jogo de forças sociais no interior do próprio Estado e a falta de empenho do poder público (representativo ou burocrático) acabaram, entretanto, por impedir maiores realizações.

O imobilismo estatal tinha em sua raiz tanto uma carência de aparelhos institucionais para promover tais políticas como de efetiva vontade política. Aos poucos, o tom da política fundiária estadual foi se limitando a uma espécie de "operação apaga fogo" para conter a violência das disputas pelas terras. Os governadores eleitos em 1982 assentaram um número maior de famílias do que os eleitos em 1986 e 1990, o que também se deve ao fato de a questão agrária ter passado para a esfera federal, através do Plano Nacional de Reforma Agrária (PNRA).

Os programas estaduais atingem a cifra de quase 120 mil famílias assentadas em 634 núcleos que totalizam 4,7 milhões de hectares. Se, por um lado, os assentamentos estaduais procuravam resolver a luta pela terra sem recorrer à desapropriação para reforma agrária, dando preferência à ocupação de áreas estatais sem utilização, por outro foram efetivamente uma das alternativas possíveis para o atendimento dos movimentos sociais. Além disso, os governadores depararam com a questão do reassentamento dos atingidos por barragens, desempenhando um importante papel durante as tentativas de execução do PNRA. Tudo isso, é claro, de acordo com as lutas políticas e ideológicas de cada região.

A reforma agrária

Na transição do regime militar para o democrático-parlamentar, na primeira metade dos anos 80, a reforma agrária foi apresentada como um ponto de honra para o avanço da cidadania. Candidato da Aliança Democrática, Tancredo Neves voltou a falar em "levar a efeito, sem violências e sem traumas, uma reforma agrária em nosso país", acrescentando que "...a aplicação do Estatuto da Terra, objetivo do meu governo, iniciar-se-á pelo Nordeste". Isto significava que utilizaria a desapropriação por interesse social. Prometia ainda uma ampla política agrícola para viabilizar a produção dos assentados e outros agricultores familiares.

Eleito, Tancredo faleceu pouco antes da sua posse. Assumiu, então, o seu vice José Sarney, que reafirmou tal compromisso e encarregou o INCRA de elaborar uma "proposta" inicial de reforma agrária, fundamentada no Estatuto da Terra, a partir da qual a sociedade civil teceria seus comentários e contribuições. A meta de destinar 15 milhões de hectares para o assentamento de 1,4 milhão de famílias entre 1985 e 1989 teve grande repercussão, empolgando os setores pró-reforma, mas provocou a ira dos conservadores. A proposta foi objeto de debates públicos até o final de agosto de 1985, quando ganharia sua versão definitiva.

Os "ruralistas" conseguiram, entretanto, impor diversos recuos na programação do governo. O primeiro foi a prorrogação daquele prazo para setembro, e de setembro para outubro, impossibilitando o início dos assentamentos na safra 85/86. Apesar de ter mantido a meta de assentar o mesmo número de famílias, o decreto assinado por Sarney em 10.10.1985 trouxe retrocessos ainda mais significativos na forma pela qual a reforma agrária seria conduzida. A desapropriação por interesse social deixou de figurar como medida prioritária: em seu lugar, a preferência pela ocupação de terras públicas, ou seja, colonização na fronteira agrícola; ou ainda a "desapropriação negociada", que chegou a interessar muitos proprietários, diante da possibilidade de obter indenização pela desapropriação de áreas inférteis de suas fazendas, entre outros objetivos e procedimentos escusos.

Além disso, considerou-se que os imóveis com elevada incidência de parceiros, meeiros e arrendatários estariam cumprindo sua função social, desde que de acordo com a legislação em vigor. Estimulava-se uma das mais arcaicas e perniciosas formas de exploração do pequeno agricultor, além de eliminar um importante filão da reforma agrária, já que estas áreas necessitam de menor volume de investimentos em infra-estrutura do que as áreas totalmente improdutivas.

Houve, portanto, uma completa modificação na concepção de reforma agrária do governo Sarney durante este curto período de cinco meses. Aos interessados na reforma ficou a possibilidade de obter alguma brecha na definição e execução dos Planos Regionais de Reforma Agrária (PRRAs). O presidente Sarney, entretanto, centralizava a decisão final sobre qualquer delimitação das áreas prioritárias e sua desapropriação. Vale ressaltar que, além da falta de vontade política para efetivar o plano, os poderes Legislativo e Judiciário também emperraram a conclusão das desapropriações e a implementação dos assentamentos.

O resultado é que apenas 82 mil famílias foram assentadas entre 1985 e 1989. Nada além do que 5,85% do programa foi realizado. Em termos de área, da meta inicial de 15 milhões de hectares apenas 2% foram transformados em assentamento, sendo 45% deste total na região Norte.

O sucessor de Sarney, Fernando Collor de Mello, foi um pouco mais tímido em sua política de reforma agrária, porém bastante ousado para realizar uma "reforma administrativa" que retirou boa parte dos poucos recursos materiais, orçamentários e humanos que seriam utilizados pelo INCRA. Prometeu assentar 500 mil famílias, sem especificar *como* e *onde*. Mais uma vez a meta não foi atingida. Apenas 9.381 famílias foram assentadas (quase metade na região Norte) nos 31 meses em que Collor esteve na presidência. Tanto Sarney quanto seu sucessor, ao direcionarem suas poucas iniciativas de "reforma agrária" para a região amazônica e descartarem a desapropriação por interesse social nas demais regiões do país, acabaram por dar continuidade ao tipo de política fundiária implementada durante a ditadura militar.

De forma semelhante, nos 17 meses de governo Itamar Franco algumas desapropriações foram assinadas e alguns assentamentos, inaugurados, mas o montante e a natureza de suas realizações não nos permite distingui-lo de seus antecessores.

No programa de reforma agrária do governo Fernando Henrique Cardoso está previsto o assentamento de 280 mil famílias nos quatro anos de seu mandato (40 mil em 1995), uma meta mais amena que as de Sarney e Collor. Apesar de ter decretado a desapropriação de 148 imóveis rurais logo no início de seu governo, os obstáculos legislativos, jurídicos e institucionais permanecem os mesmos dos governos anteriores, e o pessimismo dos movimentos sociais aumentou com a nomeação de Brazílio de Araújo Neto para a presidência do INCRA. Agropecuarista e representante patronal no Paraná, conhecido por sua liderança na extinta UDR, é amigo pessoal do banqueiro, fazendeiro e ministro da Agricultura José Eduardo de Andrade Vieira.

O 3º Congresso dos Sem-Terra, realizado em julho de 1995, decidiu intensificar as invasões e ocupações de grandes propriedades improdutivas ou irregulares como forma de pressionar o governo a acelerar a implementação de novos assentamentos. Após estas "ocupações", iniciadas em agosto de 1995, a questão da reforma agrária volta com toda força ao cenário político brasileiro. A demissão de Brazílio Araújo foi consumada e em seu lugar assumiu José Francisco Graziano, que viabilizou um diálogo, ainda que limitado, dos sem-terra com o governo federal. Envolvido em escuta telefônica clandestina de membros do governo, Graziano viu-se forçado a pedir demissão do cargo — substituições e confusões que afastam ainda mais o governo do cumprimento de suas promessas.

Nota-se, além disso, a permanência da lógica dos governos anteriores, que somente efetivaram programas de reforma agrária após intensa reivindicação dos movimentos sociais, através de ocupações ou pelo número de mortos em conflitos pela posse da terra. Mesmo que o presidente Fernando Henrique Cardoso execute integralmente seu programa de reforma agrária, ainda sim deixará a seu sucessor a importante tarefa de promover o acesso à terra para um número bem maior de famílias.

As reservas extrativistas

Tendo seu uso sido pioneiramente descoberto por populações indígenas, a borracha causou grande curiosidade entre europeus e norte-americanos, e sua utilização na indústria, desde meados do século XIX, foi contínua e progressiva. Seu rápido crescimento, contudo, ocorreu com a expansão da indústria automobilística na virada do século, quando a vulcanização permitiu um aperfeiçoamento na produção de pneus. A borracha tornou-se um produto de alta demanda no mercado internacional e os seringais localizados na porção ocidental da floresta amazônica começaram a atrair migrantes nordestinos, notadamente do Ceará.

Essa dinamização na extração da borracha ocorria a partir de uma rígida separação entre propriedade fundiária e trabalho. De um lado, banqueiros, "patrões" e seus encarregados; de outro, o seringueiro e sua família. As empresas extrativistas mantiveram, desde então, uma violenta exploração dos trabalhadores do "ouro negro". Se, por um lado, registram-se muitas denúncias de escravidão por dívida, extremando a exploração dos seringueiros e sua dependência comercial em relação aos patrões, por outro, revoltas de mais de 90 anos atrás permanecem vivas no imaginário dos que habitam os seringais.

Em 1912, a produção asiática de borracha passou a competir com a brasileira, cujo preço foi sensivelmente reduzido. Com isso, disseminou-se a fome na região, e muitos passaram a viver exclusivamente da caça e da pesca. Inaugurou-se um período de grande instabilidade na produção seringalista, que persiste até os dias atuais. Em função disso, muitos dos antigos patrões abandonaram os seringais, sobretudo nas décadas de 70 e 80. Em seu lugar apareceram os "novos proprietários", reclamando a posse da terra. Madeireiras, mineradoras e empresas agropecuárias começaram a atuar na região sob a forma de grandes latifúndios, em boa parte com interesses meramente especulativos.

Todo esse processo de ocupação ocorreu sem a devida regularização fundiária, e os problemas decorrentes da falta de titulação das terras acirraram a violência entre populações indígenas, grileiros, posseiros, seringalistas, grandes empresas agropecuárias e agências governamentais. Acentuou-se então a oposição entre a atividade extrativa e a exploração agropecuária, subsidiada ou não pela "colonização dirigida", principalmente após a constatação de que o empreendimento agropecuário na Amazônia trazia sérios problemas ambientais: após três anos de cultivo ou doze de criação, em média, as áreas devastadas não mais mantinham sua produtividade e eram abandonadas.

O seringal, mesmo com a brutalidade das relações entre patrões e seringueiros, mostrava-se sustentável a longo prazo. Os seringueiros passaram a manifestar sua contrariedade em relação aos empreendimentos agropecuários e madeireiros, certos de que a destruição da floresta traria também a destruição dos que viviam da floresta, na floresta. Os "empates" constituíram o auge desta luta: famílias inteiras se colocavam à frente de tratores e motosserras, numa tentativa de convencer ou impedir os trabalhadores a não executarem suas tarefas. Mesmo com algumas derrotas, os empates puderam evitar a derrubada de mais de 1,2 milhão de hectares, permitindo a permanência de muitas famílias em suas "colocações", local onde uma ou até seis famílias moram e extraem o látex das "estradas de seringa" (um conjunto de colocações forma um seringal).

No decorrer da organização dos empates, os seringueiros conceberam a Aliança dos Povos da Floresta, que os reuniria à população indígena e a outros posseiros. A conservação da floresta e a criação de reservas, mantendo e aprimorando sua forma de utilização, mas superando a subordinação dos seringueiros aos patrões, foi visualizada como uma possível alternativa de desenvolvimento regional. Nos primeiros anos da década de 80, a ação dos seringueiros ganhou repercussão internacional, e Chico Mendes tornou-se uma voz expressiva para os movimentos ecológicos que emergiam em todos os continentes.

A proposta de criação de reservas extrativistas foi formulada durante o I Encontro Nacional dos Seringueiros, em 1985, quando o Conselho Nacional dos Seringueiros (CNS) iniciou uma campanha para fazer com que o INCRA reconhecesse a especificidade dos assentamentos extrativistas da região amazônica. A colocação, que mede entre 300 a 600 hectares, foi apresentada como uma unidade básica, em contraposição ao módulo rural familiar normalmente operacionalizado nos programas de reforma agrária.

A implementação dos assentamentos pela legislação agrária apresentava, contudo, obstáculos decorrentes da conjuntura política e do tamanho da área que cada família ocupava. A desapropriação por interesse social para fins de reforma agrária tornava-se ainda mais complicada diante do cálculo do valor das terras, quase sempre consideradas produtivas devido à extração de madeira, borracha, minérios, plantas medicinais e outros frutos. A estratégia adotada em 1989 pelo CNS foi a realização de um deslocamento para a legislação ambiental: o Ibama (Instituto Nacional do Meio Ambiente e dos Recursos Naturais Renováveis) criaria uma nova modalidade de conservação ambiental, batizada de "reserva extrativista", destinando seu usufruto às tradicionais populações da floresta. Em janeiro de 1990, um decreto do presidente Sarney passou a regulamentar a criação de reservas extrativistas.

Ao contrário da reforma agrária implementada pelo INCRA, a criação das reservas foi bastante rápida e a indenização dos proprietários, bastante morosa. Assim, os projetos de assentamentos extrativistas firmados pelo INCRA até 1989 destinaram quase 2 milhões de hectares a 3.484 famílias. Após esta data, os seringueiros passaram a procurar uma solução para seus problemas fundiários no Ibama, que até 1992 já havia criado nove reservas extrativistas, num total de 2,3 milhões de hectares, destinados a 28.800 pessoas. Algumas destas reservas encamparam assentamentos anteriormente promovidos pelo INCRA.

Assim como nas demais regiões do país, as reservas e os assentamentos extrativistas da região Norte foram institucionalizados somente após os conflitos pela posse da terra já terem provocado o derramamento de muito sangue, como o de Chico Mendes, ou quando as áreas foram abandonadas por seus antigos proprietários. Por outro lado, a eliminação do problema fundiário não resolve automaticamente todas as dificuldades dos seringueiros. Os ex-"proprietários" seguem exercendo um certo poder na região, diante das dificuldades no beneficiamento e na comercialização dos produtos vendidos ou consumidos pelos seringueiros.

Mais recentemente, as plantações de seringueiras em outros estados do país e o corte nos subsídios e incentivos fiscais vêm provocando uma redução no preço da borracha, e os seringais nativos vão se tornando economicamente inviáveis para os trabalhadores. Em função disto, os seringueiros estão buscando alternativas como o aprimoramento na qualidade do pré-processamento da borracha ou, ainda, a utilização da biodiversidade florestal, extraindo outros frutos, essências e ervas.

Mesmo assim, as reservas extrativistas já se configuram uma alternativa real de desenvolvimento socioeconômico e ambiental para a região amazônica. Prova disso é que têm servido de referência para outros setores extrativistas, como babaçuais, açaizais, cupuaçuzais, localizados em oito estados, e mais recentemente para as reservas de flores desidratadas do Cerrado, a coleta de berbigão no litoral de Santa Catarina e alguns projetos em Tocantins. Assim, essa "reforma agrária ecológica" demonstra a viabilidade da utilização e conservação dos recursos naturais a partir da constituição de uma estrutura social mais coerente com o princípio da democracia.

*   *   *

Apesar de sua múltipla origem, os assentamentos rurais no Brasil representam uma resistência ao processo de separação entre o trabalhador rural e a propriedade ou uso da terra. Outros pontos em comum entre os diferentes tipos de assentamentos são a intensa mobilização política dos trabalhadores e a preexistência de conflitos sociais, que pressionaram o Estado a formular respostas a um fato político. Existem, porém, diferenças importantes, quando não oposição, entre eles, como é o caso da colonização *versus* reforma agrária.

De qualquer modo, após a (re)conquista da terra os assentados deparam com as dificuldades para garantir a viabilidade socioeconômica dos projetos, decorrentes, em grande medida, do descaso de um poder público que não tem oferecido a necessária infra-estrutura social de saúde, educação, transporte, energia elétrica etc., nem uma política agrícola condizente com as especificidades socioeconômicas e regionais destes produtores.

Diante deste quadro, os assentados procuram estabelecer diversas estratégias de produção e reprodução social, desde a formação de modernas cooperativas agropecuárias até a orientação da atividade agrícola para práticas de subsistência alimentar da família. É nesta luta cotidiana de construção da cidadania que os assentamentos vão se descobrindo e garantindo a delimitação de espaços para a atenuação da exclusão social e da miséria que atingem a milhões de brasileiros, além de estabelecer as bases para a constituição de um novo modelo de desenvolvimento socioeconômico para o Brasil.

A DIVERSIDADE GEO-ECONÔMICA

Além das diversidades histórica e política, mencionadas anteriormente, a questão regional tem se apresentado como um elemento importante nas avaliações sobre a viabilidade socioeconômica dos assentamentos rurais. Em uma pesquisa realizada pela FAO (órgão da Organização das Nações Unidas – ONU, para alimentação) concluiu-se que a renda nos assentamentos de reforma agrária em todo Brasil estaria em torno de 3,7 salários mínimos mensais por família. Em quase 80% dos projetos a renda mensal *per capita* seria de um salário mínimo. Isso indicava que a renda nos assentamentos era "...superior à média de renda passível de ser obtida por qualquer categoria de trabalhadores rurais no campo" (FAO, 1994).

Este desempenho foi possível graças à utilização, pelos assentados, de diversas estratégias visando a reprodução e o aperfeiçoamento de seu modo de vida. Assim, a renda média de 3,7 salários mínimos mensais por família seria composta pelo valor adquirido com os produtos comercializados (37%), pelo autoconsumo (37%) e pelo assalariamento parcial da família (26% da renda), geralmente naquelas épocas do ano em que há carência de mão-de-obra na região, ou mesmo no interior do próprio assentamento. É muito freqüente a "troca de dias" entre os próprios assentados, que estabelecem formas alternadas, recíprocas e informais de assalariamento, às vezes sem utilização de dinheiro.

O relatório da FAO, entretanto, mostrava ainda que essa renda "média" não era a mesma para todas as regiões do país. Enquanto na região Sul a renda mensal era de 5,62 salários mínimos por família, no Nordeste este valor caía para 2,33 salários mínimos. Na região Sudeste era de 4,13; no Centro-Oeste, 4,18; e na região Norte, 3,85. Esses dados evidenciavam que a geração de renda nos assentamentos estaria acompanhando os desequilíbrios regionais que caracterizam a economia brasileira. Mais uma vez o Nordeste receberia o título de campeão da pobreza. Devido às dificuldades nos sistemas de transporte, comunicação e comercialização, à precariedade dos sistemas de saúde e educação, à difusão de doenças tropicais e à distância dos núcleos urbanos, na região Norte o índice de desistência e abandono é maior que nas demais regiões.

Em determinados projetos, sobretudo no Pará, a desistência é elevadíssima.

Em vista disso, a FAO sugeria uma política de desenvolvimento que levasse em conta esta diversidade. Os assentamentos da região Nordeste estariam carecendo principalmente de recursos para irrigação, enquanto para os estados do Norte era fundamental o aprimoramento das vias de comunicação. Já na região Centro-Oeste a prioridade estava na recuperação dos solos pobres do cerrado. No Sul, os assentados demonstravam grande capacidade de aproveitamento da política agrícola oficial; e na região Sudeste, o fornecimento de assistência técnica era uma importante lacuna a ser preenchida.

É claro que as sugestões direcionadas para uma região podem também ser oportunas para outras, mas com este perfil é possível apontar para algumas das principais causas da irregular geração de rendas entre os assentamentos rurais das diversas regiões brasileiras. De fato, as características naturais e institucionais de cada região condicionam a produção e, conseqüentemente, a renda dos assentados. Por outro lado, a pesquisa da FAO identificou elementos comuns para todas as regiões, como a necessidade de estabelecer formas mais adequadas de comercialização da produção. Em certos casos, a estrutura de distribuição dos produtos agrícolas é tão precária que permite a presença de intermediários capazes de extrair boa parte do resultado do trabalho dos assentados.

A reversão deste quadro tem sido um importante esforço para aumentar a capitalização e tecnificação destes e dos demais agricultores familiares do país. Isso nos remete à questão do tipo de inserção dos agricultores no sistema de mercado, seja ele local, regional ou nacional, e da importância e qualidade da política agrícola. Ao longo dos últimos trinta anos, a consolidação e o desenvolvimento da agricultura patronal contou com o decisivo apoio do Estado. Os seus efeitos sociais, todavia, como o elevado contingente de trabalhadores rurais expulsos do campo e os baixos salários, no campo e na cidade, evidenciam a necessidade de alteração nos rumos da política de desenvolvimento rural, de modo a aproximar-se das políticas sociais, até mesmo porque a grande empresa agropecuária, já bastante capitalizada, pode prescindir dos amplos incentivos estatais que recebeu no passado.

A política agrícola para os assentados e outros pequenos agricultores familiares precisa estar associada ao desenvolvimento social e regional, ou seja, deve articular-se com a expansão do sistema de saúde, educação, previdência social, comunicações etc. O impacto local destas políticas pode ser surpreendente. Em alguns municípios, a importância dos assentamentos é de tal ordem que sua defesa ultrapassa fronteiras políticas e ideológicas, pois sua dinâmica reflete diretamente no comércio e em toda economia da região. A implementação dos assentamentos pode alterar as relações entre o campo e a cidade, já que os efeitos locais e regionais da grande propriedade, produtiva ou não, são significativamente menores que os benefícios da agricultura familiar. São inúmeros os exemplos deste fenômeno em todas as regiões do país.

A pesquisa da FAO mostrava ainda que no interior de cada região, ou ainda no interior de um mesmo assentamento, haveria importantes disparidades naquela renda "média". Constatava-se a existência de uma significativa diferenciação entre as famílias assentadas. Para uma melhor visualização desta questão, reproduzimos a seguir a tabela elaborada pela FAO:

Composição da renda familiar nos assentamentos rurais

Brasil, 1993 em %

REGIÕES	ATÉ 1 S.M.	DE 1 A 3 S.M.	ACIMA DE 3 S.M.
Centro-Oeste	11,57	41,32	47,11
Nordeste	23,85	50,63	25,52
Norte	4,15	43,25	52,60
Sudeste	4,35	39,13	56,52
Sul	5,33	18,67	76,00
BRASIL	14,69	40,03	45,28

Fonte: FAO, 1994.

Diversos fatores estimulam esta diferenciação no processo de geração de rendas: a existência ou não de apoio governamental ao aprimoramento técnico-econômico dos projetos; a qualidade e o tamanho do solo; o acesso ao crédito; a experiência e os prévios recursos financeiros e produtivos de cada família; o sistema local e regional de comercialização da produção; a distância e o acesso aos centros consumidores etc. A combinação de um conjunto de elementos produtivos e comerciais conduz a esta "diferenciação" entre os assentados.

Cerca de 50% dos assentados teriam se constituído, já nos três primeiros anos do projeto, num setor moderno e integrado ao sistema de mercado. Esse grupo situa-se na melhor faixa de renda. No pólo oposto, 15% dos assentados encontram dificuldades para romper com a perversa lógica que os impede de utilizar os recursos tecnológicos e econômicos já alcançados pelos demais. Possuem a menor renda e são justamente os que, na maioria dos casos, abandonam os assentamentos. Outra parcela localiza-se numa faixa intermediária, onde a inserção ao mercado (de capitais, de tecnologia, de insumos etc.) é parcial, incompleta ou inadequada.

De qualquer forma, não se trata de um problema de "distribuição" de renda, mas, antes, de uma "geração" desigual de rendas, o que também quer dizer que parte dos que hoje estão nos assentamentos já pôde contribuir para o desenvolvimento da agricultura brasileira. Outro aspecto relevante é a opção dos que preferem dar continuidade ao tradicional modo de vida camponês, calcado na diversificada produção de alimentos para autoconsumo e na venda do excedente. Neste caso, apesar da baixa produtividade e rentabilidade, permanece sua validade para atenuar a fome e a falta de habitação que atingem a milhões de brasileiros; para aumentar e descentralizar a oferta de alimentos; para permitir o acesso à terra a agricultores familiares que poderão se modernizar, caso recebam o necessário apoio. Trata-se de uma das estratégias de manutenção da família no projeto, guardando estreita relação com as condições sociais em que sua produção está envolvida. Em vários assentamentos, a perda na comercialização, acentuadamente no Nordeste, é muito grande.

A pesquisa da FAO oferece muitas outras informações importantes, o que a torna uma leitura indispensável aos que desejam aprofundar seu conhecimento sobre os assentamentos rurais. O debate em torno de seus resultados é bastante amplo e polêmico, tanto pelas opções metodológicas como pelas conclusões a que chegou.

De certa forma, as considerações desta pesquisa se afastam de uma análise realizada em 1985 pelo BNDES, cujo resultado demonstraria que a elevada concentra-

O QUE SÃO ASSENTAMENTOS RURAIS 51

Assentamento Sumaré, estado de São Paulo.

ção de renda e os obstáculos econômicos nos assentamentos desqualificavam a distribuição de terras como uma política social eficiente. O Estado deveria, portanto, canalizar seus recursos para os serviços de saúde, educação e moradia nas pequenas e médias cidades do interior, em vez de arriscar em tal política de desenvolvimento rural — medidas que a rigor não são contraditórias, mas complementares.

Recusando computar o consumo alimentar e outras fontes de renda, bem como aspectos decisivos na qualidade de vida dos assentados, o BNDES afirmava categoricamente que a vida dos trabalhadores não teria melhorado nos assentamentos — opinião que certamente não coincide com a percepção da maioria dos assentados.

Segundo levantamento realizado por pesquisadores da Unesp (Universidade Estadual Paulista) em assentamentos do estado de São Paulo, quase 90% dos entrevistados afirmaram ter a intenção de continuar no assentamento, contra apenas 2,4% que desejavam abandoná-lo. A FAO obtivera, em nível nacional, praticamente os mesmos índices. Veja a seguir as estimativas de opinião dos assentados no estado de São Paulo sobre sua atual condição de vida, em comparação com a situação anterior ao assentamento (sem mencionar a relevância evidente e as implicações políticas e econômicas do acesso à terra):

Condições de vida nos assentamentos - SP

	MELHOROU	PIOROU	IGUAL (*)
Trabalho	62,2	8,7	29,1
Alimentação	49,1	11,2	39,7
Moradia	54,5	14,3	31,2
Saúde	46,7	9,7	43,6
Escola	42,8	11,8	45,4

(*) ou sem resposta. Fonte: Unesp (1995)

A importância destes dados ganha destaque se considerarmos o aumento do desemprego, a precariedade geral nos sistemas de saúde e educação e os quase 2 milhões de favelados que representam cerca de 18% dos habitantes da cidade de São Paulo — panorama que não é muito diferente de outras metrópoles do país. De acordo com a OMS (Organização Mundial da Saúde), 35 milhões de brasileiros (mais de 20% do total) vivem na miséria absoluta, enfrentando o fantasma da fome em sua própria família.

O curioso é que o BNDES, que tentou provar o fracasso dos assentamentos para superar estes problemas, administrava o Procera (Programa de Crédito Especial para Reforma Agrária) — a principal linha de créditos do governo federal para investimento nos programas de reforma agrária —, mas pôde igualmente verificar, entre vários aspectos, que existe uma má distribuição do reduzido crédito rural. Os assentados que tiveram acesso ao crédito são justamente os que se situam na maior faixa de renda. Portanto, antes de propalar a "ineficácia" ou o "fracasso" dos programas de reforma agrária, é preciso reconhecer que a questão política continua decisiva após a conquista da terra, e que os assentados, de alguma forma, deparam com uma nova forma de exclusão social: a exclusão das políticas agrícolas e sociais. Apenas uma parcela conseguiu fugir a esta regra.

É inegável, no entanto, que há nos assentamentos uma considerável melhoria na qualidade de vida dos seus participantes. Em muitos casos, é a partir de uma precária infra-estrutura que os assentados vão adquirindo novos equipamentos, modernizando sua produção e melhorando suas condições de vida. Embora em alguns casos tenha ocorrido um refluxo nos recursos produtivos dos assentados, a grande maioria deles pôde ampliar sua capacidade produtiva, contando ou não com o apoio do BNDES. Segundo a FAO, em 78% dos assentamentos do Nordeste, por exemplo, que receberam os recursos do Procera, houve uma redução na descapitalização, e a constituição de um novo grupo de agricultores com índices positivos de tecnificação da produção.

Apesar da importância do Procera, a capitalização, na maioria dos assentamentos, tem sido efetivada a partir do resultado econômico de seu próprio trabalho.

Estes dados poderiam ainda incluir uma considerável quantia de obras, como açudes, represas, currais, cercas, paióis, canais de irrigação, depósitos, galpões e muitas outras construções comunitárias. Além disso, seria importante computar a construção de centenas de casas próprias, postos de saúde, saneamento básico, escolas, estradas e eletrificação. Este conjunto de elementos explica o porquê da expectativa favorável que os assentados fazem de seu novo modo de vida.

Contrariando esta realidade, porém, a pesquisa do BNDES insiste em reduzir os assentamentos a projetos exclusivamente comerciais, passíveis de avaliação pelos mais antigos e restritos métodos de contabilidade. Trata-se de uma concepção estritamente produtivista e microeconômica, impermeável às considerações históricas, sociais e políticas que os assentados, em sua árdua história de vida, são obrigados a enfrentar. Uma realidade que parece impossível de ser compreendida por métodos inflexíveis e unicamente quantitativos/contábeis de análise social.

AS FORMAS SOCIAIS DA PRODUÇÃO

A conquista da terra impõe aos assentados desafios, incertezas e expectativas da produção econômica. Para realizá-la, é necessário o (re)estabelecimento de relações com instituições públicas e privadas. Como já apontamos anteriormente, porém, nem sempre este ambiente no qual os produtores se inserem é adequado às suas necessidades, e sua precariedade pode impedi-los de obter avanços produtivos. A carência de meios de trabalho pode fazer com que os assentados entrem num sistema que dê continuidade a sua pobreza.

A condução da produção agrícola pressupõe a disponibilidade de certos recursos técnicos e financeiros que os assentados nem sempre possuem quando iniciam suas atividades na terra conquistada (a maioria, de baixa fertilidade). A aquisição de tratores e equipamentos, fertilizantes, crédito, sementes, combustíveis e mesmo de alimentação até a primeira colheita pode se tornar impossível para uma família isolada. Surge daí a necessidade de procurar formas associadas e cooperativas para viabilizar o trabalho de cada um, o que tem recebido apoio não só do MST como da Igreja, dos órgãos governamentais e demais entidades envolvidas com a questão.

Entre o modelo mais individual-familiar e o totalmente coletivizado existem, todavia, graduações e inúmeras combinações específicas. A solução encontrada por alguns assentados pode ser algo "semicoletivo", com a socialização, por exemplo, da compra e do uso de máquinas, equipamentos e insumos, ficando seu emprego sob os cuidados de cada família separadamente, em seu respectivo lote. Em outros casos, a força de trabalho do conjunto das famílias é utilizada para algumas fases do processo produtivo, normalmente atividades que são comuns a todas elas, como o preparo do solo, a adubação e a colheita, enquanto os tratos da cultura no lote e seus resultados econômicos ficam por conta de cada família. A comercialização e o transporte podem também ser realizados de forma unificada.

Outra solução possível seria a coexistência de um lote coletivo de produção comercial, similar a uma empresa agropecuária, cuja gestão é coletiva, ao lado de lotes familiares, geralmente nas imediações da residência de cada assentado, destinado ao cultivo de produtos alimentares para o consumo da família. Em alguns assentamentos, a alimentação dos que participam do trabalho coletivo é proporcionada por uma cozinha comunitária que, juntamente com a instalação de creches, permite a liberação das mulheres para o trabalho fora do lar, potencializando a utilização da força de trabalho de todos os membros da família para as atividades agropecuárias coletivas ou associadas.

Em cada assentamento, a forma social da produção adquire características que se fundamentam na trajetória do próprio grupo. No momento em que a luta pela terra cede espaço ao cotidiano da produção, surgem novas formas de mobilização social daqueles que de "sem-terra" se transformam em "assentados". A organização social anterior à conquista da terra permanece como referencial importante para a determinação das variadas e criativas formas solidárias na produção agropecuária. Boa parte dos assentados, seja qual for a organização do trabalho, destina entre 1 a 2% de sua produção ao MST, incentivando assim a mobilização dos demais trabalhadores rurais sem-terra.

Para o MST, as formas de trabalho conjunto nos assentamentos trazem vantagens econômicas, sociais e políticas, pois permitem que os poucos recursos produtivos, inclusive a quantidade e qualidade da terra, sejam utilizados mais adequadamente por todos, além de reforçar sua capacidade de reivindicação para resolver problemas sociais e econômicos. Mutirão, associação e cooperativismo estão entre as práticas sociais que freqüentemente têm contribuído para o melhor desempenho dos assentamentos.

O mutirão é uma prática antiga e comum entre os agricultores familiares em muitos países. Determinadas tarefas, como a limpeza do terreno para o cultivo, a colheita, o beneficiamento da produção e outras atividades intensivas de mão-de-obra, são realizadas com a ajuda de parentes, vizinhos e amigos, sem que haja qualquer contrato por escrito ou pagamento monetário. A "troca de dias" acaba por beneficiar a todos, sobretudo quando algumas tarefas precisam ser executadas em pouco tempo e com muito trabalho, como a colheita de alguns produtos, entre eles o feijão.

As associações muitas vezes representam continuidade, aperfeiçoamento e formalização dos mutirões. Os acordos entre seus integrantes são colocados no papel e suas resoluções devem ser seguidas por todos. Isso normalmente ocorre em função da compra coletiva de máquinas e equipamentos, ou quando a liberação de créditos o exige. Nestes casos, as associações acabam sendo registradas em cartório como sociedade civil sem fins lucrativos, com estatuto, diretoria eleita e outras prescrições. As associações facilitam o contato entre os assentados e as instituições públicas e privadas relacionadas à produção agropecuária, como bancos, agroindústrias, agências governamentais, centros consumidores, fornecedores de equipamentos e insumos etc.

O ganho de escala possibilitado pelas associações também é possível pela criação de cooperativas entre os assentados. As Cooperativas de Produção Agropecuárias (CPAs) são consideradas empresas cooperativas e podem realizar atividades comerciais mais amplas que as associações, cujo caráter é prioritariamente civil e representativo. A terra de cada família é incorporada ao patrimônio coletivo e o trabalho é também realizado em conjunto. Operando em moldes empresariais, onde a eficiência econômica é fundamental, as CPAs estimulam o melhor aproveitamento da mão-de-obra, através da divisão do trabalho, da especialização e da capacitação técnica e educacional de seus integrantes.

Além disso, é comum a liberação de membros da cooperativa para atuar com maior empenho na organização do sistema cooperativista, na representação política dos assentados ou dos movimentos sociais dos demais trabalhadores rurais sem-terra. A partir dos anos 90, todo o sistema cooperativista nos assentamentos começou a se estruturar mais intensamente. A Central Cooperativa de Reforma Agrária passou a reunir as CPAs em cada unidade da Federação, enquanto a Confederação das Cooperativas de Reforma Agrária do Brasil Ltda. (Concrab) iniciava a representação nacional deste sistema cooperativo. Tal organização tem sua importância realçada pelo fato de que, além da dinamização na produção econômica, a legislação sobre a implementação de infra-estrutura social e econômica básica não tem sido cumprida pelo poder público.

A força política alcançada pelo sistema cooperativo é um dos fatores que contribuem para que sua renda monetária seja maior que a dos agricultores isolados. A diferenciação na renda entre os assentados não pode deixar de levar em conta a variável organização social da produção. A proposta cooperativista do MST tem demonstrado ser capaz de ampliar a capacidade produtiva e melhorar a qualidade de vida dos assentados. Atualmente, já existem no Brasil mais de vinte CPAs, expandindo aquela que em 1979, no Rio Grande do Sul, havia sido a primeira experiência cooperativista em assentamentos no Brasil.

Por outro lado, tal sistema cooperativista precisa enfrentar diversos obstáculos, sobretudo de ordem organizacional. A divisão do trabalho e a especialização são tão necessárias quanto as formas democráticas de tomada de decisões. A agilidade imposta pelo sistema de mercado pode, contudo, tornar conflituosa a relação entre a base social organizada nas assembléias gerais e o trabalho que é específico das "lideranças". Diante disso, fica clara a relevância da formação de uma nova mentalidade, de uma nova ética no trabalho: uma construção decisiva para que as CPAs obtenham o sucesso que procuram.

Um dos principais dilemas das cooperativas está no sistema de repartição dos dividendos. Mesmo com padrões democráticos de decisão, em alguns casos persistem divergências que levam à ruptura. Isso se deve ao fato de que o conjunto das famílias nem sempre é numericamente homogêneo, ou seja, existem famílias mais numerosas que outras. Assim, no caso de a partilha ocorrer com base no critério "família", as mais numerosas saem proporcionalmente com menores recursos que as menores. No caso de a distribuição ter como base a quantidade de horas trabalhadas por pessoa, as famílias menos numerosas saem proporcionalmente com menos dinheiro.

As formas mistas, que combinam parte de um, parte de outro critério de distribuição, têm sido apresentadas como uma possível solução para o problema. Há quem acredite, porém, que é preciso fixar um número não muito extenso de famílias em cada cooperativa, para evitar tais contendas e para estreitar os vínculos entre os diversos elos da divisão social do trabalho.

Estas questões fazem com que muitos assentados se recusem a participar do sistema cooperativista. E o MST, que se configurou como o principal representante dos assentados, tem encontrado dificuldade para atuar junto aos que optam por outras vias de modernização tecnológica e de organização do trabalho. O ideal da "autonomia camponesa" ainda se faz presente para grande parte dos agricultores familiares, o que pode também se constituir numa alternativa viável, embora com maior dificuldade, de desenvolvimento rural. A livre organização dos produtores nos assentamentos é essencial para que a produção seja efetivada em bases democráticas, até mesmo porque o cooperativismo é uma "opção" de cada um. A imposição de um modelo rígido e inflexível, por quem quer que seja, sob qualquer pretexto, pode levar à burocratização e ao autoritarismo que desestimulam a adesão dos assentados.

Ademais, é preciso reconhecer que formas mais simples de associação podem ser mais adequadas à trajetória vivenciada pelos grupos que optam pela organização apenas parcialmente coletiva. Entre os assentados existe ainda os que já dispõem previamente dos meios necessários à produção e que, em função disso, não consideram necessário o trabalho coletivo. Podemos constatar também que o trabalho familiar isolado não quer necessariamente dizer que ele esteja impermeável à solidariedade para com os demais, ou para com as tradicionais relações de vizinhança e ajuda mútua que fazem da agricultura familiar um segmento específico no mundo da produção econômica.

No processo de organização interna dos assentamentos, os preceitos da liberdade individual, da democracia e da justiça ou estão completamente associados ou nenhum deles poderá realmente existir.

UMA COMPLEXA REALIDADE

As interpretações sobre os assentamentos carregam concepções sobre reforma agrária, desenvolvimento agrícola e sobre a própria sociedade. Existe uma variedade de idéias acerca dos assentamentos, muitas delas procurando soluções para dificuldades e conjunturas específicas. O nosso objetivo aqui é apenas mapear a polêmica, explicitar o sentido político de certos preconceitos e apontar rapidamente as referências e os temas mais comuns, sem, no entanto, contar com a possibilidade de esgotar seus desdobramentos e nuanças.

Modernidade...

Um curioso exemplo de interpretação dos assentamentos está no resultado da visita do ex-presidente nacional da UDR, Ronaldo Caiado, a um assentamento. Desde o processo de implementação do PNRA (no governo Sarney) até a definição da Constituição de 1988, a UDR de Caiado, financiada por grandes proprietários rurais, exerceu uma poderosa influência política contra a reforma agrária. Após passar alguns dias em um assentamento, Caiado encontrou apenas "corrupção, tráfico de drogas, prostituição, violência, ação terrorista [...] e homens incumbidos de fomentar a convulsão social". Estávamos em 1987, redefinindo a questão da terra na Constituição do novo ciclo democrático.

Na grande imprensa, os assentamentos já figuraram como "favelas rurais". De modo semelhante ao utilizado pela UDR, são enfatizados os "desvios", a miséria, o crime. Considera-se que, com tal composição sociocultural, os assentados não seriam capazes de promover o mais importante: a modernização técnica e comercial exigida pela sociedade de mercado; os assentamentos estariam sedimentando o atraso na agricultura brasileira, e não sua superação; a necessidade de vultosos investimentos na produção agrícola moderna não poderia ser satisfeita pelos assentados. Condenados a permanecer na produção de subsistência, não seria possível sequer reduzir a fome e a miséria entre eles.

Nesta linha de argumentação, há quem sustente que é preferível entregar uma cesta básica mensal ou um táxi para cada família sem-terra do que fazer uma reforma agrária. É neste sentido que a desqualificação — certas vezes puramente preconceituosa — do esforço de construção econômica e social nos assentamentos adquire significado político e ideológico. Em nome, por exemplo, da competitividade do sistema de mercado, contra a qual os assentados nada poderiam fazer, desautoriza-se o Estado a promover qualquer tentativa de desconcentração fundiária.

O imperativo da modernização também está presente entre os que defendem a implementação de um processo de reforma agrária. Neste caso, os assentamentos somente teriam viabilidade se articulados com a modernização tecnológica e comercial por que passa todo o globo. Enfatiza-se aqui a proposta de inserir as diversas políticas de reforma da estrutura agrária num conjunto de medidas macroeconômicas orientadas para a distribuição da renda em toda a sociedade. Numa economia onde mais de 30 milhões de pessoas não dispõem de uma dieta alimentar minimamente adequada, distribuição de renda significa, antes de tudo, maior consumo de alimentos.

Com base em tais pressupostos, os assentamentos, caso implementados em maior escala, poderiam beneficiar não apenas a população sem-terra, mas grande parte da sociedade brasileira. É importante ressaltar que, *em todos os países avançados*, a produção agrícola em bases familiares esteve associada às estratégias de desenvolvimento econômico e de ampliação do mercado de consumo interno.

Mais recentemente, a prioridade ao combate à fome tem estimulado a retomada de concepções que reconhecem a validade das formas tradicionais de organização do trabalho na agricultura familiar. Na lógica camponesa, a produção de alimentos para o abastecimento do grupo familiar e a comercialização do excedente no mercado, seja por intermediários, pela criação de cooperativas ou constituição de um pequeno comércio varejista, em muitos casos têm se constituído no ponto de partida para o estabelecimento de um novo modelo de desenvolvimento agrícola, mais intensivo em capital e tecnologia, ao mesmo tempo isento dos perversos efeitos sociais da agricultura patronal e latifundiária, que historicamente concentrou renda e poder político em nosso país.

Os assentamentos são, desta forma, considerados como espaços onde os problemas sociais poderão ser encaminhados de forma sustentável e permanente, base para um modelo de desenvolvimento rural socialmente mais eqüitativo, sem estar completamente vinculado às exigências comerciais impostas às "empresas rurais". Esta particularidade da agricultura familiar ganha destaque diante dos elevados riscos da atividade agrícola exclusivamente comercial: grande parte dos pequenos agricultores familiares prefere organizar sua produção de forma a obter maior segurança do que maior rentabilidade com maior risco. A produção de alimentos pode permitir a reprodução de seu modo de vida até nos períodos mais difíceis.

Propriedade...

Uma segunda fonte de discórdia está no aspecto jurídico da propriedade para os assentamentos. Quem mais deveria se preocupar com este tema certamente são os próprios assentados, que encontram dificuldades para obter o financiamento de sua safra quando o título de propriedade é incerto, temporário, provisório ou simplesmente não reconhecido. Sobre este aspecto, entretanto, levanta-se uma considerável polêmica que envolve não apenas os assentados, mas até mesmo aqueles que combatem a reforma agrária.

Como vimos, existe uma grande diversidade de políticas de assentamento, muitas rupturas administrativas, muitas formas de propriedade para os projetos. As modalidades mais comuns são: 1) a propriedade privada e definitiva de um lote familiar, onde cada família o utiliza conforme suas condições e decisões, ficando aos assentados o direito de vendê-lo a quem quiser, quando quiser, como quiser; 2) o comodato: o Estado concede a uma família ou a um grupo de famílias o direito de utilizar o solo por um período longo, geralmente indeterminado, mas não permanente; 3) a propriedade condominial, que é concedida a um grupo de famílias que, numa assembléia geral, pode decidir pela venda da terra, ou de parte dela; 4) a concessão de uso coletivo, onde cada família é incorporada a um projeto social em que a utilização da terra pode ser coletiva ou familiar, reconhecida pelas instituições bancárias, mas que não pode ser comercializada. Em caso de desistência, outra família será selecionada para ocupar a área.

A Constituição (art. 189) determina que "os beneficiários da distribuição de imóveis rurais pela reforma agrária receberão títulos de domínio ou concessão de uso, inegociáveis pelo prazo de dez anos", reconhecendo a união conjugal, independentemente de casamento, para a obtenção do direito.

Levando em conta que existem milhões de famílias aguardando o acesso à terra e as dificuldades e indisposições do Estado para implementar novos assentamentos, a concessão de uso coletivo foi eleita pelo MST como a forma de propriedade mais adequada aos assentamentos. Até mesmo pelo fato de que, em diversos casos, a propriedade individual definitiva permitiu a reconcentração da terra por meio de sua comercialização, ou da grilagem, quando abandonada por assentados, sobretudo pelos colonos das áreas de fronteira agrícola da região amazônica.

Socialismo...

A polêmica em torno da forma de propriedade e da organização social da produção, bem como sua origem em políticas estatais de interferência no mercado de terras, de transferência da propriedade privada de uns para a propriedade "coletiva" de outros, tem fomentado suposições a respeito da vinculação do movimento dos sem-terra com o socialismo. Tanto os conservadores mais alarmistas quanto parte dos agro-reformistas mais radicais acreditam estar diante do início de um processo de socialização da economia agrícola, o que em grande medida relaciona-se com o fato de que em alguns países, como Cuba e Chile, a reforma agrária processou-se articuladamente com outras medidas, como a nacionalização do sistema financeiro, da exploração dos recursos minerais, de grandes empresas nacionais e estrangeiras.

Esta perspectiva é, todavia, desenganada por inúmeros aspectos. Historicamente, a distribuição de terras esteve ligada às estratégias de desenvolvimento técnico, social e comercial tanto da maioria dos países capitalistas avançados como de economias ditas socialistas. Mesmo assim, difundiu-se, em pequena escala, um certo "coletivismo ortodoxo", onde a organização individual-familiar da produção ou as formas "incompletas" de associação não estariam representando uma verdadeira conquista dos trabalhadores rurais, pois sua organização interna estaria contaminada pelos padrões sociais dos setores capitalistas.

De qualquer forma, é inegável que a implementação dos assentamentos está ligada ao atendimento de uma reivindicação histórica dos trabalhadores rurais e que há um avanço naquilo que podemos chamar de democratização da sociedade, seja isso um amadurecimento do capitalismo, como querem uns, ou um ponto de partida para o socialismo, como querem outros.

Trabalho assalariado...

A rigor, o que determina se uma sociedade é ou não capitalista é a predominância de relações de trabalho assalariado, esteja a propriedade registrada em nome de um indivíduo ou de um grupo de indivíduos (propriedade coletiva, sociedade anônima). A produção nos assentamentos, assim como nos demais setores agrícolas, tem requisitado, de alguma forma, o trabalho assalariado para tarefas como a capina e a colheita. É preciso salientar, entretanto, algumas particularidades. A grande maioria dos assentados realiza sua produção fundamentalmente com a força de trabalho familiar, sendo que esta possui, de acordo com a FAO, uma capacidade ociosa em torno de 13%.

A produção agrícola em bases familiares ocasiona o estabelecimento de relações sociais bastante específicas. A utilização de trabalho assalariado nos assentamentos pode estar sendo efetivada dentro do tradicional padrão camponês de "troca de dias", "mutirão" ou "ajuda mútua". Isso é muito freqüente. Uma família que num determinado momento da produção necessita de uma quantidade de mão-de-obra superior às suas possibilidades pode contratar trabalhadores temporários mediante o pagamento de um valor diário, semanal, quinzenal ou mensal: uma relação social essencialmente capitalista. Esta classificação apressada pode, no entanto, estar deixando de considerar peculiaridades sociais relevantes.

Na colheita ou na capina, principalmente, o trabalho familiar pode ser insuficiente, tornando-se necessária a utilização de força de trabalho suplementar. Ao solicitar a ajuda de amigos, vizinhos e parentes para executar estas atividades e, em troca, ficar à disposição destes para os momentos em que também precisarem, na mesma quantidade de dias trabalhados, a agricultura familiar ganha flexibilidade e se adapta às oscilações sazonais de necessidade de trabalho. Em certos casos, esta relação informal de trabalho pode ser monetária, permanecendo, entretanto, a reciprocidade no assalariamento.

É uma espécie de assalariamento mútuo, diferente da rígida distinção entre empregador e empregado (permanente ou temporário) das grandes empresas rurais; o que, por outro lado, não quer de forma alguma dizer que os assentados não estabeleçam relações patronais ou que não tenham gerado outros empregos para além de sua família. Em cada situação concreta, as especificidades devem ser ponderadas em função de sua aproximação ou distanciamento deste conceito de relação capitalista que está presente em pensadores como Karl Marx, Alexander Chayanov e Max Weber, entre muitos outros.

Ocupar, invadir ou esperar?

Também causa enorme polêmica o fato de que mais de um terço das famílias assentadas tenha participado de invasões e ocupação de terras do Estado ou de particulares (muitas delas frutos de grilagens), com baixos índices de aproveitamento agropecuário, como forma de pressionar o governo a aplicar a legislação agrária. Em vez de planejar suas ações, o INCRA tem atuado a reboque do movimento organizado dos trabalhadores rurais sem-terra, de seus acampamentos e ocupações. Geralmente, o poder judiciário local concede liminar de reintegração de posse aos fazendeiros. Para cumprir o mandado judicial de retirar os "invasores" da propriedade, muitas vezes a polícia conta com o apoio dos jagunços contratados pelos fazendeiros. Havendo resistência dos sem-terra, que são numerosos, se instala a guerrilha, a morte, a chacina.

A discussão acaba por se deslocar da esfera das estratégias de desenvolvimento socioeconômico para o submundo da violência, da política não institucionalizada, do caso de polícia. Existem diversas propostas visando a resolução dos conflitos sociais no campo. A utilização da desapropriação por interesse social de áreas improdutivas, conforme a legislação em vigor, é defendida por centenas de sindicatos e entidades representativas dos trabalhadores rurais, entre outras instituições. Outros acreditam numa espécie de "teoria da indução fiscal", segundo a qual a cobrança do Imposto Territorial Rural (ITR) teria maior eficácia para promover as mudanças técnicas e sociais na agricultura, o que, ademais, resultaria em maiores receitas, e não em gastos com a reforma agrária. Os partidários da desapropriação contra-argumentam, acertadamente, que a tributação das terras ociosas deve ser realizada em conjunto e não em substituição à política de desapropriações.

Todas estas questões não podem ofuscar o fato de que a questão da terra em toda a América Latina está permeada pelas relações de força entre as classes sociais, e que o Estado pode até atuar como um "mediador" entre elas, mas apenas em breves momentos históricos deixou de servir diretamente aos grandes proprietários. Após a virada do continente para o neo-liberalismo, nos anos 90, a política fundiária somente tem sido acionada nos momentos em que os conflitos sociais se aproximam da barbárie.

Outro caminho seria incluir a distribuição dos recursos fundiários numa estratégia de desenvolvimento socioeconômico regional, de combate ao desemprego, num processo mais amplo de distribuição de renda em toda sociedade, na erradicação da fome e da desnutrição. No estabelecimento, enfim, de um novo modelo social de desenvolvimento econômico, na superação de relações de dependência social, subordinação política e superexploração do trabalho assalariado. Enquanto esta transformação política não ocorre, os trabalhadores rurais sem-terra decidiram "ocupar" as áreas improdutivas para pressionar o governo a alavancar os programas de reforma agrária.

Tal estratégia é vigorosamente combatida pelos proprietários rurais e órgãos de representação patronal, que chegam ao ponto de propor a prisão dos "invasores". Apagando o aspecto político da questão, a contradição constitucional entre o direito ao trabalho e o direito de propriedade acaba por se tornar um caso de polícia. A solidariedade de amplos setores da sociedade civil aos sem-terra tem, no entanto, impedido a institucionalização disso que nada mais é do que a configuração de novos "presos políticos" no país.

A opção pelo uso do termo "invasão" ou "ocupação" tem em sua raiz um determinante político, jurídico e ético. Enquanto os fazendeiros acusam os sem-terra por "formação de quadrilhas", os sem-terra afirmam que as "ocupações" de espaços vazios, improdutivos ou grilados representam um avanço na democratização do acesso à terra e um combate à sua subutilização. Ao colocar-se contra ou a favor de tal estratégia de pressão política, cada um irá posicionar-se de acordo com sua ideologia, informação e sabedoria política. Ou conforme seus interesses. Neste espaço de lutas, é quase impossível a neutralidade...

Meio ambiente

Nesta rápida exposição dos diversos temas que rondam os assentamentos, a questão ambiental não pode deixar de ser mencionada, lembrando que esta também carrega uma nítida dimensão política. Em alguns casos, a total descapitalização e o abandono por parte do poder público no momento da constituição do assentamento fazem com que os recursos florestais da área venham a substituir a necessária mas ausente política agrícola.

O problema ambiental normalmente vem associado a outros. Em muitas regiões, ele é *anterior* aos assentamentos, que herdam solos pouco férteis, desgastados e/ou carentes de recursos hídricos, e também *posterior*, à medida que, em alguns casos, adota-se o pacote tecnológico fundamentado na quimificação e mecanização. Em certos núcleos verifica-se um extrativismo vegetal sem sustentação a médio ou a longo prazo. Por outro lado, algumas experiências apontam para a possibilidade de compatibilizar produção agrícola e meio ambiente, e uma busca por tecnologias alternativas — uma realidade que de tão diversa, impede qualquer generalização.

CONSIDERAÇÕES FINAIS

A partir dos anos 80, os assentados e acampados surgem como uma nova categoria social no meio rural brasileiro. O processo de modernização agrícola iniciado na década de 60 trouxe não apenas avanços tecnológicos e comerciais, mas a destruição das tradicionais relações que a população rural mantinha com o latifúndio: relações de dependência política e econômica, onde a concentração da propriedade da terra permitia a exploração dos camponeses através do "foro", da parceria, da meação, do arrendamento, do colonato, do assalariamento. Por outro lado, tal processo expulsou os trabalhadores rurais para as cidades e os transformou em bóias-frias, favelados, indigentes, operários sem maior qualificação profissional.

Se em 1960 a população rural representava 53,7% do total, em 1991 este índice caiu para 24% dos 145 milhões de brasileiros, um êxodo rural sem precedentes na história do país. Neste período, a fome, a miséria e a exclusão social cresceram assustadoramente, enquanto aumentavam as concentrações de terra e renda. Hoje, metade da população rural brasileira passa fome. Por outro lado, uma parcela destes "excluídos" recomeça a luta pela terra, mesmo após uma experiência urbana, e uma parte deles (re)conquista o acesso à terra e alguns direitos básicos de cidadania. Outra parte mantém-se nos acampamentos, nas ocupações de áreas ociosas, na organização do movimento de luta pela terra — o que só foi possível com o fim do regime militar.

Com a conquista dos assentamentos, esta população começa a procurar solução para novos problemas e desafios: o difícil acesso aos instrumentos de política agrícola, a baixa fertilidade em boa parte destas áreas, a falta de assistência técnica, o descaso estatal para com o sistema de saúde, transporte, eletrificação rural e educação. Criados para atenuar os conflitos sociais no campo, os assentamentos não são inseridos num programa estratégico de desenvolvimento socioeconômico. A marginalização adquire uma nova face, que paulatinamente vai sendo superada através de sua própria luta, trabalho e organização.

A política agrícola no Brasil ainda mantém laços bastante frágeis com as políticas agrárias. Representações patronais, como a Sociedade Rural Brasileira (SRB), argumentam que mais eficaz que a reforma agrária seria a adoção de uma política agrícola que evitasse o êxodo dos pequenos proprietários já instalados. Existem, no entanto, quase 5 milhões de famílias de trabalhadores rurais (20 milhões de brasileiros) que demandam igualmente política agrária e agrícola. A separação ou fusão entre elas irá depender do jogo de forças sociais dentro e fora do Estado.

O número de famílias assentadas é ainda bastante reduzido. São 350 mil famílias, mais de 1,5 milhão de brasileiros vivendo nos assentamentos até 1995. Restam ainda 5 milhões de famílias que, permanecendo o ritmo atual, terão de esperar mais de 250 anos para começar a construir uma nova vida, uma nova sociedade. A reforma agrária ainda está por ser feita. Os assentamentos já instalados representam apenas uma conquista parcial, a formação de algumas ilhas entre enormes latifúndios.

Como vimos, a desconcentração da propriedade da terra pode ser efetivada por diversos caminhos, como a desapropriação por interesse social, indenizando seu antigo proprietário com os Títulos da Dívida Agrária (TDAs); a cobrança mais enérgica do ITR, sobretudo das áreas improdutivas; o estabelecimento de um limite para a ocupação de terras públicas; a criação de reservas extrativistas através da legislação ambiental; um planejamento mais democrático visando o reassentamento da população atingida por barragens hidrelétricas; a fixação de critérios para desapropriação de latifúndios por dimensão, entre outras medidas passíveis de dar dinamismo à Constituição e à legislação agrária do país.

O conjunto destas políticas agrárias tem demonstrado que o acesso à terra é fundamental para reduzir a fome ou a má alimentação que assolam algo em torno de 25 milhões de brasileiros. Isso é o mínimo que se pode dizer. Com política agrícola adequada e específica e com políticas sociais básicas, os assentamentos rurais poderão se constituir numa alternativa viável de encaminhamento dos problemas sociais do país, com significativas repercussões econômicas, políticas e culturais.

Os obstáculos políticos, jurídicos e administrativos apontam, todavia, para a necessidade de mudanças, de superação dos atuais limites institucionais que as políticas de corte neoliberal impõem a quaisquer projetos sociais. Uma desburocratização administrativa e jurídica poderá encurtar o período, até agora demasiadamente longo, que separa o decreto de desapropriação da destinação da área às famílias sem-terra — tornar, enfim, a legislação agrária bem mais ágil e eficaz, reduzindo, dessa forma, o desperdício de verbas públicas.

As ponderações a respeito do gasto público exigido pelos assentamentos são apontadas como justificativa para sua não-realização. Os cálculos sobre o custo de implementação dos assentamentos variam de acordo com a metodologia e a política adotadas. No governo Sarney, a estimativa era de aproximadamente US$ 3.500 por família, além das benfeitorias que deveriam ser pagas à vista e em dinheiro. Dez anos mais tarde, a equipe de Fernando Henrique Cardoso procurou legitimar a redução das verbas para os assentamentos a partir da informação de que o custo por família estaria em torno de US$ 40 mil — um recorde internacional!

O custo dos assentamentos irá depender dos instrumentos de política fundiária adotada pelo Estado. Na compra de terras particulares com dinheiro público para a posterior distribuição aos trabalhadores rurais, o custo será evidentemente bem maior. O método de avaliação das benfeitorias tem resultado em superavaliações absurdas... O gasto com o pagamento dos TDA pode ser atenuado com uma cobrança rigorosa do ITR... Estes e outros fatores são, mais uma vez, decisões de natureza estritamente política que influenciarão diretamente no custo dos assentamentos e nas projeções sobre sua viabilidade e extensão.

Da mesma forma, os critérios de seleção das famílias para os assentamentos serão mais rigorosos na medida em que as metas de reforma agrária do governo forem mais reduzidas. Neste último caso, não são admitidos os trabalhadores "urbanos" (muitos dos quais abandonaram o campo há pouco tempo unicamente pela ausência de condições mínimas de sobrevivência), nem os mais idosos, nem os solteiros, nem os participantes de ocupações, nem muitos outros.

O custo dos assentamentos poderá ser reduzido com a eliminação (ou atenuação!?) da corrupção, com determinação política de realizar uma reforma agrária de forma mais corajosa, com um número maior de famílias. Tudo isso somente será possível quando os trabalhadores rurais, homens, mulheres, jovens, crianças e idosos não mais precisarem arriscar suas vidas na ocupação das terras ociosas para pressionar o Estado a tomar as medidas que deveriam ter sido tomadas há mais de cinqüenta anos...

INDICAÇÕES PARA LEITURA

Existe uma grande e dispersa quantidade de publicações especificamente sobre os diferentes aspectos dos assentamentos rurais. São artigos de revistas, livros, anais de congressos científicos, teses de mestrado e doutorado. Para conhecê-las, o leitor poderá buscar maiores informações nas referências a seguir:

Romeiro, A. e outros (org.). *Reforma agrária — Produção, emprego e renda: o relatório da FAO em debate.* Rio de Janeiro, Ed. Vozes/FAO/IBASE, 1994. 216 p.

Este livro traz, além do relatório da FAO, mais de dez bons textos sobre os assentamentos rurais, produzidos especialmente para subsidiar a discussão do referido relatório. Leitura indispensável.

Medeiros, L. e outros (org.). *Assentamentos rurais: uma visão multidisciplinar.* São Paulo, Ed. Unesp, 1994. 329 p.

Nesta coletânea de mais de vinte textos, o leitor encontrará análises sistemáticas de assuntos de grande relevância para a compreensão dos assentamentos. Leitura básica.

Bergamasco, S.M.P. e outros. Assentamentos de trabalhadores rurais em São Paulo: a roda viva de seu passado/presente. *In: Ciências Sociais hoje.* São Paulo, Ed. Vértice/ANPOCS, 1991. p. 253-80.

Resumo e análise que informa sobre a origem e o desenvolvimento da construção social de vários assentamentos rurais no estado de São Paulo.

Castro, M.H. *Reforma agrária e pequena produção.* Tese de doutorado, IE-UNICAMP, Campinas, 1992. 205 p.

Neste trabalho, o leitor poderá conhecer com mais detalhes a metodologia da pesquisa do BNDES e notar as orientações teóricas e políticas de seu coordenador.

D'Incao, M. Conceição & Roy, Gerard. *Nós, cidadãos: aprendendo e ensinando a democracia.* São Paulo, Ed. Paz e Terra, 1995. 279 p.

As dificuldades e os esforços para o estabelecimento de relações sociais plenamente democráticas numa associação de assentados são analisados pelo contato cotidiano dos pesquisadores na comunidade.

ABRA — *Reforma agrária*, Revista da Associação Brasileira de Reforma Agrária (rua Cândido Gomide, 333 CEP 13070-200 Campinas/SP).

Há quase trinta anos a ABRA vem editando artigos importantes sobre os diversos aspectos que envolvem a questão da reforma agrária e os assentamentos rurais. Ver, especialmente, os volumes 22(3), 24(3) e 25(1).

Ferrante, V.L. & Bergamasco, S.M. *Censo de assentamentos rurais do estado de São Paulo*. Araraquara/SP, Unesp, 1995.

O envolvimento das universidades com os assentamentos tem sido crescente. Este censo, pela sua dimensão, resultados e metodologia, constitui-se num importante referencial de pesquisa.

SOBRE OS AUTORES

Sônia Maria Pessoa Pereira Bergamasco. Sou agrônoma (Esalq/USP-Piracicaba, 1968), mestre em Extensão Rural (U.F. Viçosa), doutora em Ciências pela Unesp, pós-doutorada na École des Hautes Études en Sciences Sociales, de Paris. Fui docente de Sociologia e Extensão Rural por mais de vinte anos na Unesp/Botucatu.

Atualmente sou professora titular na Faculdade de Engenharia Agrícola da Unicamp; presidente da Sober (Sociedade Brasileira de Economia e Sociologia Rural) e diretora da ABRA (Associação Brasileira de Reforma Agrária). Realizei pesquisas sobre estrutura fundiária, assalariamento no campo e desenvolvimento agrícola. Estou há mais de dez anos realizando pesquisas sobre assentamentos rurais, com vários trabalhos publicados. E-mail: "SONIA@AGR.UNICAMP.BR".

Luiz Antonio Cabello Norder. Sou sociólogo e cientista político (Unicamp, 1993). Participei de pesquisas sobre sociedades indígenas na América Latina. Atualmente, sou pesquisador da Associação Brasileira de Reforma Agrária (ABRA) e desenvolvo dissertação sobre assentamentos rurais — programa de mestrado em Sociologia — IFCH/Unicamp (1994). E-mail: "NORDER@TURING.UNICAMP.BR".